Für Christopher, Denise,
Lukas und Raphaela

Die Deutsche Bibliothek – CIP-Einheitsaufnahme

**Wildpferde** : eine Geschichte / von Ria Gersmeier.
Mit Bildern von Susanne Laschütza. –
Berlin : W. Mann, 1999
ISBN 3-926740-88-4
NE: Gersmeier, Ria; Laschütza, Susanne

© Copyright 1999 Middelhauve Verlags GmbH, D-81675 München,
für Wolfgang Mann Verlag, D-10711 Berlin
Alle Rechte vorbehalten, auch die des auszugsweisen Abdrucks,
gleich welcher Medien

gesetzt aus der Palatino 15/18 Punkt
gedruckt auf 150 g Luxo Matt
Lithos: scan & dtp Dorfmeister, München
Druck: Himmer, Augsburg
Bindung: Conzella, Aschheim

ISBN 3-926740-88-4

*Wir danken unseren Partnern und Lieferanten!*

Ria Gersmeier

# Wildpferde

## Mit Bildern von Susanne Laschütza

Wolfgang Mann Verlag

Das kleine Fohlen erblickt das Licht der Welt im Frühling. Elf Monate ist es im warmen Bauch der Mutter herangewachsen. Nun liegt es nass und völlig erschöpft auf dem Boden, am Rande einer blühenden Wiese.

Die Pferdemutter leckt ihr Kind so lange, bis sein Fell trocken ist.
Sie nimmt so den Geruch des Kleinen auf und kann ihn dann später immer wieder erkennen.

Der kleine Pferdejunge versucht sich aufzurichten. Es ist aber gar nicht so einfach, sich auf vier Beine zu stellen. Immer wieder knickt ein Bein ein und er fällt um. Wie ist das anstrengend! Endlich steht das Fohlen leicht schwankend vor der Mutter. Es findet schnell das Euter und trinkt mit großen Schlucken die Milch. Mindestens ein halbes Jahr, meist noch länger, wird ein Fohlen von der Mutter gesäugt.
Alle Pferde, die zur Familiengruppe gehören, schauen sich neugierig den Familienzuwachs an.

Das kleine Hengstfohlen beobachtet die Mutter beim Grasen. Ruhig rupft die Stute Grasbüschel um Grasbüschel.

Das will das kleine Fohlen auch probieren, aber es ist gar nicht so einfach, mit dem Maul bis zum Boden zu gelangen, wenn man so lange Beine hat. Milch trinken bei der Mutter ist da doch leichter.

Danach will es schmusen. Sein aufforderndes Stupsen bringt die Mutter dazu, ihm liebevoll über das Köpfchen zu lecken.

Dann ist aber Mutters Schweif viel interessanter. Kräftig beißt das Fohlen hinein und zerrt und zieht an den Haaren.

Die Pferdemutter ist geduldig. Schließlich lässt es von ihr ab und beginnt, im Kreis um sie herum zu traben. Was für ein Spaß!

Das Pferdekind fordert die Mutter zum Spielen auf. Dabei legt es sein Vorderbein auf ihren Nacken und schubst sie ungeduldig. Die Stute dreht ihre Ohren seitlich und das bedeutet: „Wir spielen."

Übermütig galoppieren die beiden über die Wiese. Ein paar von den anderen Pferden schauen ihnen hinterher, wie sie rennen. Das dumpfe Dröhnen der trampelnden Pferdehufe ist nicht zu überhören.

Das Fohlen weiß, dass es sehr viel fressen muss, um genügend Nährstoffe aufzunehmen und zu wachsen. Schon in der Morgendämmerung beginnen die ersten Tiere der Gruppe zu grasen. Das geht den ganzen Tag so, bis in die Nacht hinein. Am liebsten frisst das Fohlen Gras, aber auch Kräuter werden nicht verschmäht. Wenn die Weide abgegrast ist, zieht die Gruppe ein Stück weiter.

Zwischendurch gibt es Ruhepausen, die die Pferde am liebsten auf einem Hügel machen. So haben sie Überblick über die Gegend und können Gefahren schneller ausmachen.

Die Pferdemutter ruht tagsüber im Stehen. Das Fohlen und all die anderen Kleinen schlafen lang gestreckt auf der Wiese. Vom Spielen und Herumjagen sind sie ziemlich müde.

Die Ruhepause ist vorbei. Die Stuten fordern sich gegenseitig zur Fellpflege und zum Kraulen auf. Sie stecken ihre Köpfe zusammen und reiben sich die langen Hälse. Mit den Zähnen knabbern sie wechselseitig am Hals entlang und in den Mähnen.
Währenddessen wälzt sich das Hengstfohlen übermütig auf dem Rücken hin und her.
Plötzlich steht eine Stute aus einer anderen Familie vor ihm.
Sie beschnuppert das Fohlen, lockt es und will sich mit ihm davonmachen.
Als das die Pferdemutter bemerkt, kommt sie heran und warnt die diebische Stute mit nach hinten gelegten Ohren. Das bedeutet: „Pass bloß auf!"
Das Fohlen trabt brav zu seiner Mutter und die andere Stute zieht allein ab.

Jetzt fordert die Leitstute die Familienmitglieder mit leisem Wiehern auf, gemeinsam zur Wasserstelle zu laufen.
Das Hengstfohlen spielt gerade mit einem anderen Pferdekind

und denkt nicht daran, sich der Gruppe anzuschließen.
Da muss die Mutter es erst kräftig in die Seite knuffen, bis es gehorcht und mitgeht.

Auf dem Weg zur Wasserstelle kommen die Pferde an einer Gruppe alter Stuten vorbei. Sie stehen gern zusammen im Schatten der Bäume und ruhen. Mit ihren kräftig schlagenden Schweifen vertreiben sie sich gegenseitig die Fliegen.
Eine junge Stute mit ihrem Fohlen grast in ihrer Nähe. Sie schickt sich an, ebenfalls zur Wasserstelle zu gehen und zieht die alten Pferde mit. In einer Reihe dicht hintereinander folgen sie den anderen.

Das kleine Fohlen ist zu einem kräftigen jungen Hengst herangewachsen. Er befindet sich jetzt im Flegelalter. Temperamentvoll und mit schwungvollem Trab läuft er über die Wiese. Zusammen mit zwei anderen aus der Junghengstgruppe will er einen kleinen Wettlauf veranstalten.

Im zügigen Galopp rennen die drei durch einen feuchten Graben. Die Dreckklumpen wirbeln nur so durch die Luft. Das macht Spaß! Nach dem Toben kommen die Wildlinge völlig verschmutzt aus dem Graben heraus. Von dem glänzenden Fell ist nicht mehr viel zu sehen.

Mit den anderen Junghengsten misst der kleine Hengst auch seine Kräfte. Er drängt sich dicht an seinen Mitspieler heran. Dann steigen beide auf ihren Hinterbeinen hoch und fletschen die Zähne mit weit zurückgelegter

Oberlippe. Manchmal wird auch noch gebissen und mit den Hufen ausgeschlagen. Der kleine Hengst ist diesmal der Stärkere und der Unterlegene wiehert zaghaft und trabt davon.

Zum Winter bekommt der kleine Hengst ein zotteliges Winterfell. Die Haare wachsen bis auf zehn Zentimeter Länge heran und schützen ihn so vor grimmiger Kälte.

Bei solcher Witterung sucht die Herde auch Schutz im Wald. Im Dickicht sind die Tiere kaum zu sehen und vor eisigem Wind geschützt.

Der kleine Hengst scharrt mit seinen Hufen den Schnee zur Seite und frisst das trockene Gras und auch ein wenig Moos. Er ist gesund und widerstandsfähig und kann so auch Frost und Eis trotzen.

## Kleine Pferdekunde

Der Ursprung der Pferde reicht über 55 Millionen Jahre zurück. Ihr Vorfahr war ein Laub fressendes Säugetier mit Pfoten. Man nimmt an, dass die ersten vom Menschen gezähmten Pferde in der Jungsteinzeit in den Steppen Turkestans gelebt haben.

Zucht und Kreuzung führten zu verschiedenen Verhaltensweisen und unterschiedlichem Aussehen. Als ursprünglicher Steppenbewohner kann das Pferd besonders gut rennen, und es hat eine feine Nase, um Feinde zu wittern und Wasser zu finden. Die Nahrung besteht hauptsächlich aus Gras, Kräutern, auch Laub oder Wurzeln.

Wir kennen Pferde meist als Reitpferde, die überwiegend im Stall stehen und regelmäßig geritten werden. Oder wir verfolgen beim Sport Pferderennen und Turnierreiten in entsprechenden Arenen. Dabei leben Pferde, wenn sie nicht gezähmt und an den Menschen gewöhnt werden, ganz anders.

Sie befinden sich in einem Familienverband mit dem Leithengst, der Leitstute und einigen anderen Stuten, deren Fohlen und älteren Kindern. Zu einem solchen Verband können 20 Pferde oder noch mehr gehören.

Mehrere Familienverbände leben meist in relativer Nähe zueinander, denn ihr Revier grenzen wilde Pferde nicht sehr scharf ab, wenn die Gegend genügend Nahrung bietet. Besonders beim Dösen stehen sie gern zusammen, wobei immer ein Tier Wache hält.

Und auch am Wälzplatz treffen sich Mitglieder verschiedener Familien. Das Wälzen gehört zur Fellpflege, denn so können sie sich an schlecht zugänglichen Stellen reiben und Insekten loswerden. Das gegenseitige Beknabbern an Hals und Widerrist dient neben der Fellpflege auch dem emotionalen Austausch unter den Tieren. Pferde pflegen Freundschaften untereinander.

Neben den Familien gibt es noch die Junggesellengruppe, die überwiegend aus Junghengsten, die noch keine eigenen Stuten erobert haben, besteht.

Die meiste Zeit des Tages fressen die Tiere, sie müssen große Mengen Gras aufnehmen, um sich ausreichend zu ernähren.

Außer dem Fressen spielt das Dösen und Ruhen eine wichtige Rolle. Pferde dösen im Stehen, mit eingeknickter Hinterhand. Wenn sie schlafen, kauern sie mit gefalteten Beinen am Boden und stützen den Kopf ab. Fohlen schlafen meist auf einer Seite ausgestreckt.

In Europa gibt es kaum noch wild lebende Pferdeherden; die bekanntesten sind die Camargue-Pferde in Frankreich, eine Herde tarpanähnlicher Wildpferde in Polen und in Deutschland die Pferde, die im Merfelder Bruch leben. Diese Herde umfasst mehr als 300 Tiere, die in einem ca. 350 ha großen Privatgelände des Herzogs von Croy in der Nähe von Dülmen lebt.

Die Tiere haben natürliche Lebensbedingungen, sie werden nicht gefüttert und haben keinen Stall, wo sie Unterschlupf finden könnten. Sie stammen von einer Herde Wildpferde der Region ab, die sich mit verwilderten Hauspferden vermischt hat.

Aber nur die kleinen, anspruchslosen und zähen Pferde kommen mit den Lebensbedingungen in einem Wildgehege zurecht.
Einmal im Jahr veranstaltet der Herzog von Croy eine Auktion, auf der die einjährigen Hengste aus der Herde herausgefangen und verkauft werden. Der Lebensraum im Merfelder Bruch ist begrenzt, ein Anwachsen der Herde wäre nicht möglich.

Wer Näheres wissen möchte, kann sich wenden an:

Herzog von Croy'sche Verwaltung
Schloßpark 1

48249 Dülmen

Tarpan